LE
PRÊTRE SECONDAIRE
DE CARLUCET

PAR

Le Docteur Raoul LAFFON

Ancien interne des hôpitaux de Toulouse
Lauréat (médaille d'argent) de la Société d'anatomie et de physiologie de Bordeaux
Membre correspondant (médaille de bronze) de la Société de médecine de Toulouse
Lauréat (médaille d'argent) de la Société d'hygiène de l'Enfance de Paris
Officier de l'Instruction publique
Maire de Saint-Cernin-de-Larche (Corrèze)

LIMOGES
IMPRIMERIE-LIBRAIRIE DUCOURTIEUX ET GOUT
7, RUE DES ARÈNES, 7

1913

LE
PRÊTRE SECONDAIRE
DE CARLUCET

PAR

Le Docteur Raoul LAFFON

Ancien interne des hôpitaux de Toulouse
Lauréat (médaille d'argent) de la Société d'anatomie et de physiologie de Bordeaux
Membre correspondant (médaille de bronze) de la Société de médecine de Toulouse
Lauréat (médaille d'argent) de la Société d'hygiène de l'Enfance de Paris
Officier de l'Instruction publique
Maire de Saint-Cernin-de-Larche (Corrèze)

LIMOGES
IMPRIMERIE-LIBRAIRIE DUCOURTIEUX ET GOUT
7, RUE DES ARÈNES, 7

1913

AVANT-PROPOS

Les documents qui m'ont fourni la substance de cette notice proviennent tous de l'étude de notaire de Larche, où se trouvent les minutes de la seconde moitié du XVIIIe siècle de plusieurs notaires de Salignac du nom de Constans.

Comment ces papiers se trouvent-ils là ? Telle est la question qui vient d'abord à l'esprit et que je vais essayer de résoudre en m'aidant de recherches faites dans les archives municipales de Larche.

On rencontre dans cette localité, tout à fait au début de 1814, un Jean-Baptiste Constans, aspirant au notariat, qui avait épousé Anne Mayaudon-Chadrias, fille de Martin et de Jeanne Bouquier. Alors âgé de 26 ans, il prit le greffe de la justice de paix de Larche, succédant à Jean Coudert, de Chazat, devint ensuite juge de paix et conseiller général du canton et mourut le 18 mai 1856, à l'âge de 68 ans. Sa femme était décédée à 48 ans, le 15 février 1834.

C'est à ce personnage assurément que l'on doit la présence à Larche des minutes des notaires de Salignac, de 1748 à 1789, et l'on peut justement supposer qu'il s'est débarrassé de tous ces papiers encombrants en les remettant au notaire de la localité, qui était à cette époque Jean-Baptiste Beaudenon de Lamaze, un ancêtre du notaire actuel, Me Joseph Beaudenon de Lamaze, qui voudra bien me permettre de le remercier ici, d'une façon toute particulière, pour sa bienveillance et son empressement à mettre à ma disposition les nombreux et intéressants documents que renferme son étude et que j'ai déjà mis à profit dans des travaux antérieurs (1).

(1) *Les Annales de Saint-Cernin-de-Larche, en bas Limousin.* — Limoges, Ducourtieux et Goul, 1909, 1 volume in-8 broché de 338 pages, 3 fr. 50.

Les Annales de Larche avant la Révolution, qui vont paraître incessamment dans le *Bulletin de la Société scientifique, historique et archéologique de Brive.*

Le prêtre secondaire de Carlucet

Avant la Révolution, Carlucet était une petite paroisse périgourdine du diocèse de Cahors (1), desservie par un prêtre spécial. Depuis lors, son territoire a été réuni à celui de Saint-Crépin pour former la commune de Saint-Crépin-Carlucet, dans le canton de Salignac (Dordogne).

Au commencement du XVIIIe siècle, Carlucet avait pour curé François de Costes, qui, par son testament du 12 avril 1713, reçu Chaudru de Reynal, notaire à Salignac, « avait institué l'église dudit lieu et ses successeurs dans ladite cure à perpétuitté ses héritiers universels pour établir dans la présente paroisse un prêtre secondaire », qui aurait la charge de certaines fondations de messes. Telle fut l'origine du *secondarial* (2) de Carlucet.

---

(1) Lorsque Sarlat fut érigé en évêché par Bulle du 9 janvier 1317 du pape Jean XXII, il lui fut attribué toute la partie de la Sénéchaussée située, par rapport à Périgueux, au delà de la Vézère et de la Dordogne, à partir de Larche jusqu'au Fleix *(Arch. nat.* J, 705, n° 213).

Le chanoine Tarde, dans les *Antiquités du Périgord et du Sarladais,* nous apprend que du diocèse de Cahors, la ligne de démarcation se dirigeait successivement vers la Dordogne, franchissait cette rivière et allait aboutir au *Puy des trois évêques,* entre Gignac, Ferrières et Nadaillac.

D'après la carte de l'évêché de Sarlat par Sanson, ce diocèse ne comprenait pas les paroisses de Sainte-Modane, Saint-Julien de Lampon, Calviat, Peyrillac, Cazoulès, Carlux, Simeyrol, Orliaguet, Prats-de-Carlux, Eybènes, Eyvigues, Borrèze, Carlucet, Saint-Crépin, Salignac, et Paulin (Léon Dessales, *Hist. du Périgord,* t. I, p. 17).

(2) Je continue d'employer ce néologisme qui se retrouve dans les actes concernant cette affaire.

Quant à l'importance du legs de François de Costes, il comprenait d'abord une maison servant de presbytère à Carlucet « assortie d'un enclos et d'un pred qui en augmentent le prix et l'agrément » et puis un domaine, situé au village de Marcès.

L'importance de ces immeubles nous est à peu près indiquée par un acte d'afferme du 22 novembre 1764, consenti par Gille Pressès, prieur sindic du Couvent Sainte-Croix de Salignac (1) et secondaire dans la paroisse de Carlucet, à François Delpeyroux, travailleur, habitant le village de la Bayeyrie, du pré de Coutillou dans la rivière de Trébiots, moyennant 40 livres par an. En même temps, il lui donne à travailler à moitié fruits « l'entier domaine apartenant au secondariat dud. Carlucet situé aux apartenances et village de Marcès, même par^{sse} de Carlucet, à l'exception de la vigne qu'il a fait planter dans la terre apellée Alpouch qu'il se réserve pour en user et disposer comme bon luy semblera »......, « de plus donnera annuellement aud. s^r Pressès cent œufs et la moytié de la volaille qui s'y nourira ensemble la moytié du croit des bestiaux qui luy seront remis ».

Cette affaire du secondariat ne fut pas sans soulever de nombreuses difficultés et sans exciter la jalousie et la convoitise des curés de Carlucet. Aussi mirent-ils en œuvre toutes les intrigues pour en empêcher l'exécution, ou du moins pour en garder pour eux-mêmes tous les bénéfices et exclure un autre prêtre de leur paroisse.

Nous en trouvons les preuves dans une délibération des habitants de la paroisse et communauté de Carlucet du 26 août 1753, auxquels Jean Gaignebé, bourgeois et syndic de fabrique de ladite paroisse, habitant le village de la Bayeyrie, après avoir lu le testament de François de Costes, expliqua « que les curés ses successeurs ont toujours eu en veüe de s'affranchir de l'établissement d'un prêtre secondaire, que le feu sieur Blancher avait fait à cest égard

____

(1) Voir la note à la fin de cette étude, sous forme d'appendice.

une première tentative qu'il fut obligé d'abandonner par
la médiation de M. l'évêque de Cahors et que le s^r Ourtail
curé actuel est en procès avec la communauté pour le même dessein, que M. l'évêque de Cahors renvoye les parties
en justice aux fins de l'estimation des revenus dépendants
de l'hereditté dud. s^r de Costes et qu'il y a plusieurs pro-
cédures faites au sénéchal de Sarlat qui coutent déjà des
frais considérables et qui en occasioneront encore de plus
grands, qu'il paraît par état des revenus qu'ils suffisent à
l'établissement d'un secondaire et à toutes les fondations
portées par le testament dud. feu sieur de Costes et que
s'il falait en réduire quelqu'une, l'utillité publique conser-
verait toujours par préférance celle du prêtre secondaire ».

La population de Carlucet tenait essentiellement à pos-
séder ce second prêtre; mais il lui importait peu de savoir
de quelle manière et à quelles conditions elle l'aurait, et,
si le curé de Carlucet voulait se charger de le fournir, elle
consentirait à lui abandonner tous les revenus de la fondation. C'était d'ailleurs le conseil donné par Me Lamothe,
« avocat de grande réputation au parlement de Bordeaux »,
et cette attitude conciliante avait ainsi le mérite de trancher
toutes les questions en ménageant les susceptibilités du
curé et d'assurer « les dernières volontés d'un bienfaiteur
dont la mémoire doit être précieuse contre toutes les entre-
prises de ses successeurs ».

Mais, en même temps, le syndic laisse entrevoir une
menace au curé au sujet de son habitation actuelle, qui est
une maison provenant du sieur de Costes et faisant partie
de sa succession.

« Etant beaucoup plus considérable qu'il ne faut pour le
logement du s^r curé et assortie d'un enclos et d'un pred
qui en augmentent le prix et l'agrément », il est certain que
« la paroisse ne fut fondée à réduire le logement du s^r
curé à dire d'esperts sil ne voulait pas garder la succession
avec ses charges ».

Les habitants approuvèrent entièrement les propositions
de leur syndic et décidèrent à l'unanimité « de donner aud.

sᵣ Ourtail l'alternative de garder luy-même l'hérédité du sᵣ de Costes et d'en remplir toutes les charges ou de l'abbandonner à la paroisse sous l'offre qu'ils font d'entretenir un prêtre secondaire et de faire accomplir toutes les fondations portées par son testament sauf à fournir aud. sᵣ curé son logement à dire d'esperts, a cest effait ils ont donné pouvoir au sᵣ Gaignebé de faire lesd. offres et poursuivre l'exécution jusqu'à jugement deffinitif ».

Le curé resta intraitable et le procès qu'il soutenait contre sa paroisse suivit son cours. Déjà condamné au sénéchal de Sarlat par sentence du 13 août 1754, il fit appel devant le Parlement de Bordeaux, qui, par arrêt de la cour du 5 avril 1756, confirma le premier jugement.

Cependant les habitants de Carlucet ne purent nommer le prêtre secondaire, « dont ils ont été privés par la mauvaise volonté des curés et en particulier du sᵣ Ourtail, curé actuel », que le 18 juin 1759 et ils désignèrent par une délibération spéciale le sᵣ Nicolas Delpet, docteur en théologie, natif de Souillac et vicaire de Baladou, diocèse de Cahors. Celui-ci prit possession de ses fonctions le 18 octobre suivant et les conserva pendant deux ans.

Il fut remplacé selon une nouvelle délibération des habitants de la paroisse de Carlucet, reçue par Cessac, notaire royal, le 4 octobre 1761, par Gilles Pressès, prêtre, docteur en théologie, religieux de la congrégation de Saint-Augustin, prieur syndic du couvent de Sainte-Croix de la Bretonnerie, à Salignac.

Mais, ayant été « obligé de s'absenter par ordre de ses supérieurs », Gilles Pressès ne se démit pas de ses fonctions de secondaire de Carlucet, et, pour en conserver les bénéfices à son couvent, par un acte, reçu Constans le 13 décembre 1764, il « a mis et subrogé à son lieu, droit et place pour decervir led. secondariat de Carlucet M. Mᵉ frère Antoine Denis Poitevin prêtre chanoine religieux à lad. congrégation, prieur sindicq nommé à la place aud. sᵣ Pressès aud. couvent Sainte-Croix, y résident actuellement, icy present stipulant et acceptant, pour par led. sᵣ Poitevin jouir, uzer et disposer de tous les droits fruits et revenus attachés aud. secondariat en quoy qu'ils puissent consister tout ainsin et de même que led. s^r Pressès avait droit d'en jouir tant en vertu dud. acte de nomination dud. jour quatre octobre mil sept cens soixante un que autrement en par led. s^r Poitevin faisant tout le service que led. s^r Pressès était chargé de faire dans l'église paroissiale dud. Carlucet ou ailleurs suivant l'intention du fondateur dud. secondariat, constituant led. s^r Pressès en tant que de besoin led. s^r Poitevin son procureur général et spécial sans qu'une qualité déroge à l'autre et au cas ou ses présentes méritent mandement plus spécial led. s^r Pressès offre d'étendre plus au long tous les pouvoirs qu'il peut avoir sur lad. fondation et secondariat pour les donner aud. s^r Poitevin dès qu'il l'en requera. »

L'occasion était trop belle pour le curé de Carlucet; aussi ne manqua-t-il pas de la saisir et de renouveler les intrigues et les difficultés pour lasser ses adversaires et mettre enfin la main sur les bénéfices qu'il n'avait jamais cessé de convoiter. Il refusa tout simplement au s^r Poitevin de le laisser officier dans son église.

Mais celui-ci ne se tint pas pour battu et releva prestement le gant. Le 23 décembre 1764, accompagné de Jean Jérôme Dutheil « sindic administrateur du secondariat dud. Carlucet nommé par les habitants de lad. par^{sse} par acte du quinze août dernier reçu par Dutheil no^{re} royal et con^{lle} » et du notaire de Salignac, Constans, il se rendit à Carlucet « muny de ses provisions de supérieur sindicq aud. couvent de Salaignac pour l'inspirituel et temporel faisant foi qu'il est prêtre et de bonne vie et mœurs icelles en datte du quatorze novembre dernier signées Testu de Balencour vicquaire général de l'ordre Sainte-Croix en France », et il fit faire à Etienne Ourtail, curé de Carlucet, sommation de lui permettre « de sélébrer la Sainte messe dans lad. églize de Carlucet du premier jour qu'il en sera requis et de luy fournir le calice de lad. par^{sse}, de permettre aussi aud. s^r Poitevin de faire les autres prières attachées à lad. fondation, luy déclarant faute par luy d'acorder lad. permission et en cas de refus, ils protestent contre led. sr Ourtail de tous leurs dépens domages et interets même du retardement de lad. desserte et de tout ce qu'ils peuvent et doivent de fait et de droit protester, luy déclarant aussi qu'ils vont se pourvoir pardevant qui la connaissance en apartiendra pour obtenir la susd. permission ».

Cet acte de sommation fut immédiatement soumis au curé, qui refusa de donner une réponse quelconque et son silence dut être interprété comme un refus, dont il fut dressé acte.

Quelques mois s'écoulèrent dans cette situation confuse et, le 3 mars 1765, le sr Poitevin revient à la charge et comme il « persiste toujour dans l'intention de remplir les charges de lad. fondation, il a de nouveau requis et en tant que de besoin sommé led. sr Ourtail de lui laisser célébrer la sainte messe dans lad. églize de Carlucet ou lui expliquer les causes de son refus, afin de faire cesser tous les obtacles et empechements, si aucuns il y en a de légitime, faute de quoy led. sr requerant proteste de se pourvoir devant les juges qui devront en connaître et de tout ce dont il peut et doit protester, de quoy led. sr Poitevin m'a requis acte pour être notifié aud. sr curé ».

Cette notification fut faite aussitôt par le notaire aud. sr Ourtail, « qui n'a voulu faire aucune réponce ni signer quoique de ce requis par moy ».

L'affaire fut donc portée de nouveau devant les tribunaux. Malheureusement, je ne puis en donner les résultats, n'en ayant découvert aucune trace et, comme dans les romans-feuilletons, au moment où l'intrigue devient la plus palpitante et qu'on en supprimerait la suite, nous restons ici désappointés de ne pouvoir assister au développement complet de la lutte âprement commencée entre ces deux prêtres, également acharnés à la poursuite de quelques revenus, et de n'en pas connaître le dénouement.

Tout ce qu'on peut ajouter, c'est que le Couvent de Salignac était déjà supprimé en 1774 et que, par conséquent,

le prieur en disparut à cette date et que le curé de Carlucet,
Etienne Ourtal, décédé le 23 février 1789, à l'âge de 75 ans,
« muni des sacrements de l'église, a été inhumé dans le
cimetière de la paroisse et dans les tombeaux destinés à la
sépulture des curés, en présence de MM. Jean Chayne sieur
de la Grange habitant de la paroisse et d'Antoine Rigou-
lassi dit Sabin appothicaire du bourg de Salignac qui ont
signé » (1).

(1) *Archives municipales de Saint-Crépin-Carlucet.*

APPENDICE

Note sur le couvent de Salignac

Il y avait alors à Salignac une maison, dite, suivant les actes, prieuré, abbaye ou plus souvent couvent de Sainte-Croix, et occupée seulement par deux religieux, envoyés là par le supérieur général de l'ordre de Sainte-Croix de la Bretonnerie, Jean Dominique Testu de Balencour, habitant à Paris, cul-de-sac de la rue des Binettes, paroisse Saint-Jean des Grèves.

Ce couvent était entouré d'un enclos et d'un jardin, séparés par une haie, affermés le 27 octobre 1776 à Pierre Gendre, maçon à Salignac, moyennant 13 livres 10 sols par an. Le jardin était clôturé par un mur, qui le séparait « de la rue Sainte-Croix et de celle que l'on va de lad. rue ou de l'antien hopital à l'églize dud. presant lieu. »

Il possédait aussi un bois de châtaigniers, « situé près le village de la Meynardie », un pré et un certain nombre de rentes.

Le sr Sellier fut le dernier prieur de ce couvent, qui fut supprimé en 1774 et les meubles et divers matériaux furent vendus pour la somme de 196 livres 13 sols 6 deniers.

Quant aux revenus de ce prieuré durant l'année 1775, ils furent perçus par le curé de Salignac, Jean Constans, mort au début de l'année suivante et il en fut rendu compte le 2 mai 1776, par son vicaire, Antoine Gransault, qui ne devait pas tarder à devenir son successeur (1), à Charles

(1) Il prit possession de la cure de Salignac, le 18 juillet 1776.

Dupré, sr de Lalande, juge de la Baronie de Salignac. Ils consistaient pour l'enclos en « huit quartons froment apressiés à vingt-cinq livres douze sols, huit quartons bled espaigne apressiés à treze livres quatre sols; il avait vendu pour trente sols de raves, avait perçu encore un quarton mangette blanche apressiée à trois livres quatre sols, il avait vendu les chataignes du bois seize livres et dix livres le foin du pred. Il avait levé des rentes dhues aud. couvent ainsin qu'il l'avait marqué sur des chifons de papiers, froment quatre quartons cinq pugnères (1) un quart et demi, segle quatre quartons trois pugnères et demy, avoine sept quartons une pugnère, poules trois et demy, argent vingt six sols dix deniers, le tout apressié à trente sept livres onze sols six deniers, et l'apressiation de tous lesd. grains a été faite au pris courant du marché revenant toutes led. sommes blotées à celle de trois cens trois livres quinze sols et dix livres de plus à quoy ont été apressiés une vieille aube, une vieille chasuble avec son étole et manipule dont on revêtu led. sieur curé à son enterrement. »

La fondation du prieuré de Salignac avait été subordonnée à certaines conditions, telles que fondations de messes et autres œuvres pieuses, que l'évêque de Cahors, qui en était collateur, chercha à faire exécuter en désignant d'autres prêtres à ce bénéfice. Des abus se produisirent et, tant pour protester contre ceux-ci que pour conserver les avantages que Salignac devait retirer du couvent, les habitants de la paroisse se réunirent, le 4 mai 1783, à l'issue de la messe, et firent rédiger par le notaire Jean-Pierre Constans la délibération suivante :

«Ont dit qu'il existait cy-devant aud. Salaignac un prieuré

(1) La pugnère ou punière, mesure de capacité, variait suivant les localités. A Sailat, Saint-Quentin, Aurlac, Carlux, Saint-Julien de Lampon, Veyrignac, elle égalait 4 litres 6 décilitres; à Borrèze et très probablement à Salignac, elle égalait 4 litres 1 décilitre. (Delay, *Tables de comparaison entre les anciennes mesures du département de la Dordogne et celles du nouveau système métrique.* — Périgueux, Dupont. 1809, in-4°, pages 105 et 111.)

occupé par deux Relligieux de l'ordre de Sainte-Croix de la Bretonnerie indépendament des biens d'une ancienne fondation jouissaient encore de certains fonds pour des fondations de messes, que l'ordre de Sainte-Croix de la Bretonnerie a été suprimé et que conséquemment les biens attachés au prieuré doivent être apliqués à quelques œuvres pieuzes utille au publiq, de l'authoritté de Monseig^r Leveque diocezain le sieur Parris curé de Saint-Crépin ce prétendant pourveû par Monseig^r Leveque de Cahors de quelque fondation de messe ou chapellenie qui était annexée au prieuré, cet emparé sous ce pretexte de touts les biens dependants du monastère, qu'il a fait enlever le tabernacle de la chapellenie du monastère, et qu'il dispoze actuellement des bâtiments qu'il prétend faire démolir, qu'il est de l'intérêt de la communauté de s'opposer à cette entreprize, attendu que les fonds du prieuré doivent être employés à quelque destination qu'il luy soit utille, et que led. sieur Parris n'a évidament aucun droit de s'en emparer et encore moins de disposer des bâtiments et de la chapelle dud. monastère; en conséquence il a été délibéré et conclud que la communauté s'opposerait à ces entreprizes et qu'elle se pourvoirait devant Monseig^r Leveque de Cahors pour faire appliquer les fonds du prieuré à quelques œuvres pieuzes utille aux hab^{ts} du présent lieu; et quand en attendant elle formerait opposition tant à la démolition desd. bâtiments qu'à la jouissance des fonds dépendants du prieuré prétendus par led. sieur Parris; sauf à luy à justifier du titre de la prétendue chapellenie dont il cest fait pourvoir des fonds particuliers qui peuvent en dépendre qui étaient cy devant confondus dans celuy du prieuré. et du droit en vertu duquel il prétend les en séparer, même de la légitimité de ses provisions, et qu'à cet effet elle a nommé pour sindiq la personne de Jean Delmas pratitien hab^t dud. Salaignac, à qui lad^e communauté donne pouvoir de faire toutes les diligences nécessaires pour arretter les poursuittes dud. sieur Parris et agir ainsi qu'il appartiendra pour l'appliquation des biens dependants dud. prieuré et s'opposer jusque là à la jouissance dud. sieur

Parris, de quoy et de tout ce dessus les susd^s hab^{ts} ont requis acte et promis de pourvoir aud. sindiq les sommes nécessaires pour faire lesd^{es} poursuites et diligences nécessaires et de le relever indemne. »

Cette attitude énergique et décidée finit par produire son effet et la communauté de Salignac obtint enfin gain de cause; car, les habitants se réunissaient de nouveau, le 22 novembre 1784, et faisaient choix pour le pricuré d'un titulaire, qu'ils présentaient à la nomination de l'évêque de Cahors, dont ils avaient la promesse d'acceptation :

« Ils ont unanimement choisi et nommé la personne de Me Pierre Chaudru de Ferière seig^r des Bordes, lieutenant de la baronnie dud. Salaignac et sindiq fabrisien de lad. par^{sse} y hab^t icy presant et acceptant, pour et au nom de lad. communauté sous le bon plésir de Monseigneur le maréchal duc de Nouailles, seigneur Baron dud. Salaignac, se transporter en la ville de Cahors et partout ailleurs ou besoin sera, aux fins de présenter à Monseigneur l'évêque de Cahors la personne de Mr Me Pierre Beau, diacre, natif et hab^t du bourg et paroisse de Mensignac diossèze de Perigueux, que lesd. hab^{ts} ont choisi et prié de vouloir accepter le pricuré Sainte-Croix de la Bretonnerie dud. Salaignac vacquand, avec tous les biens cens, rentes hobits et autres revenus qui en dependent et qui y sont attachés, étant instruis et convenus de ses bonnes vie et meurs, espériance, capassité et en état de remplir les vues de lad. par^{sse} et communauté, ce que led. s^r Beau, diacre, ayant accepté à leur solicitation seulement sans autre raison pour sortir de son diossèze, que celle de se rendre utille à lad. communauté en se chargeant de l'éducation des enfans de lad. paroisse conformément aux picuses intentions des fondateurs dud. couvent et pricuré et de ayder au service divein dès qu il sera amis à la prêtrise, c'est pourquoy lad. communauté a choisis led. s^r Chaudru sindiq pour présenter à mond. seigneur eveque de Cahors led. s^r Beau, diacre, et le supplier de luy vouloir bien faire titre dud. pricuré Sainte-Croix dud. Salaignac, comme led. seigneur Eveque

a bien voulu le promettre aud. s^r Chaudru le quatorze aoust
dernier, pour en vertu d'icelluy jouir des honneurs prérogatives, fruits, profits, revenus et emoluments y attachés et
de tous les revenus des biens, cens, rentes, hobits et autres
biens et droits y attachés, tout insin et de même que les
precedents prieurs dud. prieuré en ont joui et ont droit
d'en jouir, aux susd. conditions, et lui permettre de ce
faire rendre les titres et papiers concernant led. prieuré
ensemble tous les revenus qui ont été perçus depuis l'abandon du dernier prieur par ceux qui en son detenteurs,
led. titre retroactif a cet egar, pour iceux être employés
aux réparations urgentes, utilles et necessaires aux batiments qui composaient led. couvent et la cl pelle y joignant. »

--- •◆• ---

Limoges. — Imp. Ducourtieux et Gout, 7, rue des Arènes.

AUTRES PUBLICATIONS DU DOCTEUR RAOUL LAFFON

Rhumatisme articulaire aigu et rhumatisme blennorrhagique. Note sur la médication salycilée (in *Gazette médico-chirurgicale de Toulouse*, 1882).

De la scléro-iridectomie dans le glaucome. Thèse de doctorat, Bordeaux, 1885.

Du mal perforant dans le diabète (couronné par la Société d'anatomie et de physiologie de Bordeaux). *Bulletins* de la Société, 1885, in-12, broché.

Causeries sur l'hygiène (in *Education nationale.* Paris, 1890).

Manuel d'hygiène, suivi des premiers soins en cas d'accidents, à l'usage des écoles. — Paris, Picard et Kaan, 1891, in-12 illustré, cartonné, 2ᵉ édition............................. » 75

Sur la dernière épidémie de grippe, 1889-1890. Comptes rendus de la Société de médecine de Toulouse (*Revue médicale de Toulouse,* 1890), in-12, broché.

Hygiène et salubrité de l'Ecole ou Traité d'hygiène scolaire (couronné par la Société d'hygiène de l'enfance de Paris). — Paris, Société d'éditions scientifiques, 1891, in-18 raisin, cartonné............................. 3 »

Hygiène de la peau. — Paris, Société d'éditions scientifiques, 1891, in-18 raisin, cartonné .... 3 »

Hygiène rurale. — Paris, Baillière et fils, 1901, in-16, broché............................. 2 »

Guérison du hoquet par la traction continue de la langue (in *Echo de la médecine et de la chirurgie.* Paris, 1906).

Obésité chez l'enfant (in *Echo de la médecine et de la chirurgie.* Paris, 1906).

Conférence sur la tuberculose : son ancienneté, sa nature, les moyens de l'éviter (in *Revue scientifique du Limousin,* 1906). Honorée des souscriptions de la municipalité de Limoges (1,000 exemplaires) et de l'Œuvre antituberculeuse limousine (500 exemplaires). Paris, Baillière et fils. — Limoges, Ducourtieux et Gout, brochure in-8° de 16 pages............................. » 50

Les Annales de Saint-Cernin-de-Larche en Bas-Limousin. — Limoges, Ducourtieux et Gout, 1909, 1 vol. in-8°, broché, de 338 pages............................. 3 50

Catalogue descriptif des plantes phanérogames de la commune de Saint-Cernin-de-Larche. — Paris, Baillière et fils. — Limoges, Ducourtieux et Gout, 1912, in-8° broché de 83 pages .. 2 »